Implementierung eines betrieblichen Gesundheitsmanagement anhand eines Unternehmens

Simon Kübler

Bibliografische Information der Deutschen Nationalbibliothek:

Die Deutsche Nationalbibliothek verzeichnet diese Publikation in der Deutschen Nationalbibliografie; detaillierte bibliografische Daten sind im Internet über http://dnb.d-nb.de abrufbar.

ISBN: 9783346546135
Dieses Buch ist auch als E-Book erhältlich.

Druck und Bindung: Books on Demand GmbH, Norderstedt Germany
Gedruckt auf säurefreiem Papier aus verantwortungsvollen Quellen

Das vorliegende Werk wurde sorgfältig erarbeitet. Dennoch übernehmen Autoren und Verlag für die Richtigkeit von Angaben, Hinweisen, Links und Ratschlägen sowie eventuelle Druckfehler keine Haftung.

Das Buch bei GRIN: https://www.grin.com/document/1153024

Deutsche Hochschule für
Prävention und Gesundheitsmanagement
Hermann Neuberger Sportschule 3
66123 Saarbrücken

<u>Bitte Zutreffendes ankreuzen:</u>

— **Hausarbeit**

— **Skript**

Name, Vorname:	Kübler, Simon
Modul:	Betriebliches Gesundheitsmanagement 2
Studiengang:	M. A. Prävention und Gesundheitsmanagement
Datum Präsenzphase:	10.08.20-12.08.2020
Studienort:	Saarbrücken
Aufgabe:	Aufgabe ist es eine systematische Implementierung eines Betrieblichen Gesundheitsmanagement anhand eines Unternehmens (Stadtverwaltung Wubberberg) durchzuführen. Auf Basis von Analyseergebnisse wird mit der vorliegenden Arbeit ein passendes Interventionskonzept für das Unternehmen erstellt.

Inhaltsverzeichnis

1 Zusammenfassung Analyse und Fazit

Aus Gründen der besseren Lesbarkeit wird im Folgenden auf die gleichzeitige Verwendung weiblicher und männlicher Sprachformen verzichtet und das generische Maskulinum verwendet. Sämtliche Personenbezeichnungen gelten gleichermaßen für beide Geschlechter.

Grundstein für die Arbeit bildet ein Bericht der Stadtverwaltung Wubberberg. In dem zugrundeliegenden Bericht wird die Stadtverwaltung ausführlich dargestellt. Dies geschieht mit Hilfe von vorliegenden Ergebnisdaten einer Arbeitsplatzanalyse, sowie einer Mitarbeiterbefragung. Neben diesen Ergebnisdatensätzen liegen weitere Daten zu Fehlzeiten- und Unfallstatistiken, sowie eine Altersstrukturanalyse vor. Auf Basis dieser Daten wird im Folgenden die Ausgangsituation der Stadtverwaltung analysiert, dies bezieht sich sowohl auf die betriebliche als auch gesundheitliche Ausgangssituation.

1.1 Unternehmensbeschreibung

Die Stadtverwaltung Wubberberg liegt in der Region Oberfranken und gehört zur Branche der Öffentlichen Verwaltung. Mit 3.601 Beschäftigten in der Kernverwaltung sowie 4 Eigenbetrieben mit 1.327 Mitarbeitern gliedert sich die gesamte Verwaltung in 6 Dezernate. Ein Teil ist das Dezernat des Bürgermeister, Dezernat eins beeinhaltet den Teil Inneres und Finanzen, zwei den Teil Schule/Bürger/Kultur, Dezernat drei umfasst die Themen Umwelt und Klimaschutz, beide Dezernate sind aufgrund von maroder Gebäudebereiche übergangsweise in Ersatzgebäude untergebracht. In diesen Gebäuden bemängeln die Mitarbeiter unzureichende Arbeitsbedingungen wie zum Beispiel Lärm sowie fehlende ergonomische Lösungen (höhenverstellbare Schreibtische, unzureichende Beleuchtung, wenig Platz). Dezernat vier umfasst die Bereiche Wirtschaft, Stadtentwicklung und Mobilität, Dezernat fünf befasst sich mit Soziales.

Die Kernverwaltung überprüft aufgrund von hohen Krankenständen und BEM-Fällen in den Dezernaten eins und zwei sowie des Fachkräftemangels insbesondere im Dezernat vier, ob eine Einführung eines BGM sinnvoll ist. Ebenso spielt die stärker wahrgenommenen psychischen Belastungen aufgrund zunehmender Arbeitsverdichtung sowie Überalterung der Dezernate eins (Durchschnittsalter 51 Jahre) und zwei (Durchschnittsalter 48 Jahre) eine Rolle. Mit der Sanierung des Hauptgebäudes sollen neue Möglichkeiten zur „digitalen Verwaltung" geschaffen werden. Dies beinhaltet eine IT-

Infrastruktur, neue Raumkonzepte und Servicebereiche. Da Mitarbeiter bereits Ängste vor diesen Entwicklungen geäußert haben, sieht der Personalrat diesem Vorhaben eher kritisch entgegen. Hauptbefürchtung der Mitarbeiter ist ein Arbeitsplatzverlust, laut dem Oberbürgermeister ist dies aber nicht der Fall. Folgende Abbildung gibt eine prägnante Übersicht über die relevanten Unternehmensdaten. Anschließend findet eine Erläuterung statt.

AH 1 Unternehmensdaten und Fazit

Unternehmensbeschreibung:
- Stadtverwaltung Wubberberg mit insgesamt 4.928 Beschäftigten aus Oberfranken. Unterteilung in sechs Dezernate

Fazit Kennzahlen HR und Sicherheit:
- Der Krankenstand liegt im Durchschnitt bei 9,7 Prozent (Vorjahr = 9,4), im Dezernat 1 = 11,8 Prozent und Dezernat 2 = 14,1 Prozent.
- Die BEM-Fälle liegen bei 365 wobei noch im Vorjahr 341 gezählt wurden, ebenso gab es eine Steigerung im Kontext zu Unfälle, so lag im letzten Jahr die Quote bei 13,7 (1000er) wobei im Vorjahr noch 10,5 eruiert wurde. Die Fluktuation liegt bei 3,1 Prozent.

Fazit Mitarbeiterbefragung:
- Die Gesundheitssituation allgemein liegt mit den höchsten Ausprägungen zwischen zufriedenstellend und weniger gut, dabei sind die Mitarbeiter eher teils teils und ziemlich unzufrieden mit ihrer Arbeit. Hier stechen vor allen Dingen Dezernat 1 mit 31 Prozent und Dezernat mit 27 Prozent heraus wobei der Durchschnitt bei 45 Prozent liegt. Der WAI-Index beläuft sich auf 31 und ist im unteren Bereich (mäßig) der Arbeitsfähigkeit angesiedelt
- Primäre Belastungen sind zu große Arbeitsmengen/Aufgaben, ständiges sitzen, Lärm und unzureichende Beleuchtung
- Die soziale Unterstützung zwischen Vorgesetzten und Mitarbeiter ($\varnothing$ = 2,71) und Mitarbeiter untereinander ($\varnothing$ = 3,13) ist grundsätzlich bei den Kollegen untereinander höher ausgeprägt. Die Dezernate 1 und 2 schneiden hier am schlechtesten ab

Fazit Gefährdungsbeurteilung:
- Die Dezernate 1-3 weißen einen erhöhten Nohl-Wert auf wobei Dezernat 2 mit einem Nohl-Wert von 3,1 am schlechtesten abschneidet.
- Wesentliche Herausforderungen sind primär die Beleuchtung und der Lärm bzw. fehlende ergonomische Lösungen. Dezernate 2 und 3, mit den höchsten Werten, weißen darüber hinaus physische Belastungen durch Zwangshaltung auf.

BGM II - Methodenkompetenzen im BGM

Abb. 1: Zusammenfassung Analyse und Fazit (DHfPG, 2020)

Fazit:

Anhand der Analyse ergibt sich folgendes Fazit, die Stadtverwaltung kämpft gegen den demographischen Wandel mit einer immer älter werdenden Belegschaft, sowie kontinuierlich steigenden Krankenständen, insbesondere in den Dezernaten eins und zwei. Demnach spielt es eine große Rolle für die Stadtverwaltung seine Mitarbeiter bis ins Rentenalter erwerbsfähig zu halten. Ein hoher Krankenstand kann in Verbindung gestellt werden mit dem hohen Durchschnittsalter der Belegschaft (Busch, 2019, S. 747). Dennoch weißen die Ergebnisse der Gefährdungsbeurteilung und der Mitarbeiterbefragung auch andere Indizien als Grund für die hohe Krankenrate auf, wie die arbeitsbedingten Belastungen denen die Mitarbeiter, speziell im Dezernat zwei und drei, tagtäglich ausgesetzt sind. Die Ergebnisse der Gefährdungsbeurteilung sind nach dem „Verfahren nach Nohl" gemessen worden. Der Nohl-Wert wird mit einer Skala von 0-7 dargestellt, wobei sieben zur Beurteilung der Gefährdungen die höchste Einstufung ist. Der Nohl Wert gibt das Maß der Gefährdung an (Nohl & Thiemecke, 1988).

So kamen unterschiedliche Belastungen zum Tragen, welche zum einen mit der Arbeitsbedingungen und zum anderen mit der Arbeitsplatzumgebung in Verbindung gebracht werden können. Hinzu kommt, neben den Belastungen physischer Natur durch Zwangshaltung, eine steigende Zahl an psychischen Belastungen. Diese könnten in Verbindung stehen mit den hohen Fallzahlen aus den Ergebnissen der Mitarbeiterbefragung bezüglich der Fragestellung, durch welche Bedingungen am Arbeitsplatz der Mitarbeiter sich belastet fühlt. Hier standen die großen Arbeitsmengen und Aufgaben an erster Stelle (vgl. Abb. 1, S. 4). Ebenfalls auffällig war die Unzufriedenheit der Beschäftigten sowohl allgemein als auch in der Unterstützung von Vorgesetzten in schwierigen Arbeitssituationen. Ein verbessertes Miteinander zwischen Beschäftigten und Führungspersonal, sowie eine verbesserte Arbeitsorganisation können zu einer Motivationssteigerung führen. Der Work Ability Index (WAI), welcher das Verhältnis der individuellen Leistungsfähigkeit zur tatsächlichen, vom Unternehmen gestellten Arbeitsanforderung beschreibt (Initiative neue Qualität der Arbeit [INQA], o.J), ist ebenfalls im unteren Bereich angesiedelt (vgl. Abb. 1, S. 4). Eine Anpassung der oben genannten Punkte sollte langfristig einen positiven Effekt auf die allgemeine Arbeitsfähigkeit, Krankenstände, BEM-Fälle, Arbeitsbedingungen und psychischer Belastung haben. Aufgrund der im Vergleich zu den übrigen Dezernaten schlechten Abschneidung der Dezernate eins und zwei im Bereich Krankenstand, Arbeitszufriedenheit und der sozialen Unterstützung sollte ein Hauptaugenmerk auf diese Bereiche liegen. Im folgenden Kapitel wird die damit verbundene Vorgehensweise genauer beschrieben.

2 Ableitung von Handlungsschwerpunkten

In diesem Kapitel geht es darum anhand der Unternehmensbeschreibung und der Analyseergebnisse aus Kapitel eins, drei Handlungsschwerpunkte abzuleiten. Im weiteren Verlauf dieser Arbeit werden passend zu den Handlungsansätzen Interventionsmaßnahmen entworfen. Die folgenden Handlungsansätze sind nach Prioritäten von eins bis drei geordnet, wobei eins den wichtigsten Handlungsschwerpunkt darstellt.

AH 2 Handlungsansätze

Schaffung gesundheitsförderlicher Arbeitsbedingungen Ergonomie Prio 1

- Der erste und wichtigste Handlungsansatz bezieht sich auf die Arbeitsumgebung, hiermit kann sowohl die physische als auch psychische Arbeitsumgebung gemeint sein (Gemeinsame Deutsche Arbeitsschutzstrategie Arbeitsprogramm Psyche (GDA-psyche), [o.J.). In der Arbeitsplatzanalyse kam heraus, dass vor allem Lärm und schlechte Beleuchte verantwortlich für die unzureichende Situation sei.
- Zu große Arbeitsmengen und –Aufgaben (WAI-Index = 31)scheinen sich auf die wahrgenommene psychische Belastung auszuwirken. Werden die Arbeitsbedingungen verbessert und nach den Wünschen und Anregungen der Mitarbeiter gestaltet, kann eine Steigerung des allgemeines Wohlbefinden erreicht werden und sorgt möglicherweise für eine höhere Motivation sowie ein verbessertes Klima unter den Angestellten und Vorgesetzten.

Bewältigung des demographischen Wandels Prio 2

- Die Kennzahlen zum erhöhten Krankenstand und das Durchschnittsalter insbesondere in den Dezernaten 1 und 2 sowie Fachkräftemangel im Dezernat 4 machen deutlich, dass hier eine Lösung gefunden werden muss (vgl. Abschnitt 1).
- Nach Busch (2019, S. 747) steigt die Zahl der krankheitsbedingten Abwesenheitstage mit zunehmenden Alter an. Das Durchschnittsalter im öffentlichen Dienst beträgt das Durchschnittsalter 44,5 Jahre (Destatis, 2017), in den Dezernaten 1 und 2 sind es 51und 48 Jahre, dies spiegelt sich in den erhöhten Fehlzeiten wider. Der öffentliche Dienst verzeichnet im Durchschnitt einen Krankenstand von 6,6 Prozent (Meyer, Maisuradze & Schenkel, 2019, S. 416), im aufgeführten Fallbeispiel sind es sogar 9,7 beziehungsweise 11,8 und 14,1 Prozent (vgl. Abb. 1, S. 4).

Verbesserung des Führungsverhaltens Prio 3

- Die Analyseergebnisse zeigen (vgl. Abb. 1, S. 4), dass sich die Mitarbeiter in schwierigen Situationen kaum auf ihre Vorgesetzten verlassen können und dadurch kaum soziale Unterstützung erhalten.
- Die Führungskräfte müssen in ihren sozialen Kompetenzen worunter auch die Kommunikation fällt geschult werden. Eine verbesserte Beziehung zwischen Führungspersonal und Mitarbeitern wirkt sich positiv auf die Zufriedenheit und Motivation der Belegschaft aus und führt somit zu einem besseren Wohlbefinden im Arbeitskontext (Herff, 2017).

Betriebliches Gesundheitsmanagement I - BGM als Unternehmensstrategie

Abb. 2: drei Handlungsansätze (DHfPG, 2020)

3 Erstellung einer Interventionsplanung zur Vorlage bei der Geschäftsleitung

Im Folgenden wird eine Interventionsplanung erstellt, die im Anschluss bei der Geschäftsleitung vorgelegt werden kann. Im ersten Schritt der Interventionsplanung werden zwei initiale Interventionsmaßnahmen dargestellt. Der zweite Schritt beschreibt die Projekt- und Ressourcenplanung der Interventionsmaßnahmen.

3.1 Initiale Interventionsmaßnahmen

Nachstehende Abbildung zeigt die erste Interventionsmaßnahme die der Unternehmensleitung vorgeschlagen wird.

AH 3b Teilaufgabe 3.1 – Maßnahme 1

Titel der Maßnahme: Gesundheit am Arbeitsplatz
Bezug zur Handlungsschwerpunkt: Schaffung gesundheitsförderlicher Arbeitsbedingungen Ergonomie

	Nennung
Zielgruppe/n	Vertreter der Führungsebene, Sicherheitsbeauftragte, alle Mitarbeiter oder Vertreter (Situationsabhängig)
Zielsetzung/en	Arbeitsbedingungen verbessern dadurch BEM-Fälle reduzieren, Partizipation der Mitarbeiter Psychische Beschwerden und somit auch die krankenstände sollen langfristig reduziert werden
Inhalte verhaltensbezogener Intervention	Arbeitsplatzbezogenes Ergonomiecoaching (gesunderes Arbeiten) und Einarbeitung/Schulung zum Arbeiten an neuen Arbeitsplätzen und mit neuen Hilfsmitteln. Durchführung von Ausgleichsübungen. Zusätzliches Coaching der Dezernate 2 und 3 bzgl. Umgang physischer Belastung durch Zwangshaltung
Inhalte verhältnisbezogener Intervention	Neugestaltung der Arbeitsplätze/ Anschaffung von Hilfsmitteln (Materialien) Ergonomische Verbesserung der Arbeitsplätze und Arbeitsschritte. Aktive Pausengestaltung
Zeitdauer der Maßnahme	12 Wochen, 2 Praxiseinheiten Ergonomieschulung mit 30 Minuten (am Arbeitsplatz) 2 Praxiseinheiten Praxiseinheiten Einarbeitung/Schulung neue Materialien mit 30 Minuten am Arbeitsplatz), von Beginn an Arbeitsplatzbegehungen, gefolgt von Anschaffung von Hilfsmitteln/Materialien und Neugestaltung der Arbeitsplätze

BGM II - Methodenkompetenzen im BGM

Abb. 3: erste Maßnahme (DHfPG, 2020)

Begründug:

Die Interventionsmaßnahme Gesundheit am Arbeitsplatz richtet sich primär an die Arbeitnehmer die bei der Stadtverwaltung beschäftigt sind. Dennoch müssen hier sowohl Führungskräfte, Sicherheitsbeauftragte als auch Vertreter der Mitarbeiter mit eingebzogen werden, um eine ganzheitliche Partizipation zu gewährleisten. Sie sind zuständig für die Begehung der Arbeitsplätze und der Genehmigungen von Arbeitsplatzneugestaltungen sowie der Anschaffung von Hilfsmitteln. Durch die Verknüpfung von Praxiseinheiten und Anpassungen der Arbeitsorganisation durch Neugestaltung und Anschaffung von neuen Hilfsmitteln, handelt es sich hierbei um eine ganzheitliche Intervention, die sowohl verhaltensbezogen als auch verhältnisgebezogen orientiert ist. Ziel der Intervention ist die Verbesserung der Arbeitsorganisation und somit die Reduktion von häufig vorkommenden Beschwerdebildern wie in Kapitel eins beschrieben. So kann gegebenenfalls auch dem überdurchschnittlichen Krankenstand und BEM-Fälle entgegengewirkt werden. Kramer, Sockoll und Bödeker (2009, S. 65 ff.) beschreiben, dass Maßnahmen zur Erhaltung und Verbesserung der Gesundheit zudem zu einer Reduzierung der betrieblichen Krankheitskosten führen kann. Gleichzeitig können sich laut Behr, Rixgens und Badura (2008, S. 31 ff.) möglicherweise auch die wichtigen Erfolgsfaktoren wie das Human- und Sozialkapital erhöhen. Da die Dringlichkeit, nach den Ergebnissen der Arbeitsplatzanalyse, einer Veränderung der Arbeitsbedingungen insbesondere in den Dezernaten zwei und drei hoch ist (vgl. Abb. 1, S. 4) wird hier zuerst angesetzt. Anschließend das Dezernat eins, da ein erhöhter Krankenstand vorherrscht (vgl. Abb. 1, S. 4), gefolgt mit den Dezernaten vier und fünf. Die Laufzeit der Interventionsmaßnahme beträgt drei Monate. Die Maßnahme startet mit einer ersten Arbeitsplatzbegehung gemeinsam mit allen Beteiligten (Mitarbeitervertreter, Sicherheitsbeauftragten und Führungskräfte). In dieser ersten Begehung werden die in der Unternehmensanalyse gestellten Auffälligkeiten begutachtet und Verbesserungsvorschläge eingeholt. Nach der Begehung werden erste Anpassungen stattfinden. Arbeitsplätze werden, wenn nötig umgestaltet und neue Hilfsmittel werden angeschafft. Dies geschieht nach Absprache aller Beteiligten und abschließender Genehmigung durch den Sicherheitsbeauftragten und die zuständige Führungskraft. Die Umsetzung der geplanten Anpassungen soll ab Woche drei beginnen und mit Ende der siebten Woche abgeschlossen werden. In Woche acht bis zwölf finden erneute Arbeitsplatzbegehungen statt. Die Begehung in dieser Zeit dient der Veränderungssichtung und Effizienzprüfung der Maßnahme und wird durch die Mitarbeitervertreter und Sicherheitsbeauftragte durchgeführt und abschließend mit dem Mitarbeiter am jeweiligen Arbeitplatz beurteilt und gegebenenfalls angepasst. Zusätzlich wird es vier Praxiseinheiten mit 30 Minuten für die Mitarbeiter geben, welche am Arbeitsplatz sattfinden. Die Praxiseinheiten sind aufgeteilt in zwei Einheiten Arbeitsplatzbezogenes Ergonomiecoaching in Bezug auf eine gesünderes, rückengerechteres Arbeiten und zwei Einheiten Einarbeitung, Schulung im Umgang und der Nutzung von neuen Hilfsmitteln und neugestalteten Arbeitsplätzen. Die Schulungen erfolgen zuerst, wie bereits weiter oben beschrieben, in den Dezernaten zwei und drei (inbegriffen ist hier eine gesonderte Schulung im Bereich physische Belastung durch Zwangshaltung). Hintergrund ist der erhöhte Nohl-Wert (vgl. Abb. 1, S. 4). Die Bestimmung der Erfolgskriterien erfolgt an Hand der Luxemburger Deklaration und schließt alle vier Faktoren (Partizipation, Integration, Projektmanagement und Ganzheitlichkeit) mit ein.

Die nachfolgende Abbildung zeigt die zweite Interventionsmaßnahme die der Unternehmensleitung vorgeschlagen wird.

AH 3a Teilaufgabe 3.1 – Maßnahme 2

Titel der Maßnahme: Workshop zum Thema gesunde Führung
Bezug zur Handlungsschwerpunkt: Verbesserung des Führungsverhaltens

	Nennung
Zielgruppe/n	Alle Führungskräfte, die die Verantwortung für ein Team oder eine Abteilung tragen.
Zielsetzung/en	Verbesserung des Führungsverhaltens und somit eine Verbesserte Beziehung zwischen Führungsebene und Mitarbeitern. Langfristig eine gesundheitsförderliche Unternehmenskultur schaffen hin zu einer Selbstorganisation
Inhalte verhaltensbezogener Intervention	Seminar: Sozial kompetenzen für Führungskräfte. Erarbeitung eines individuellen Stressbewältigungsprogramms. Ermittlung der Ansätze und Möglichkeiten, für eine Mitarbeiter- und gesundheitsorientierte Führung
Inhalte verhältnisbezogener Intervention	Ermittlung von Handlungsmöglichkeiten und Grenzen der Führungskraft in belastenden Arbeitssituationen. Ermittlung von Unterstützungsmöglichkeiten seitens der Führungskräfte gegenüber den Mitarbeitern. Erstellung von Führungsleitlinien in Richtung gesunde Führung
Zeitdauer der Maßnahme	2 Monate lang mit insgesamt 6 Terminen, pro Termin sind 4 Stunden mit Theorie- und Praxiseinheiten angesetzt, drei Termine sind außerhalb der regulären Arbeitszeit angesetzt

BGM II - Methodenkompetenzen im BGM

Abb. 4: zweite Maßnahme (DHfPG, 2020)

Begründung:

Aus der Mitarbeiterbefragung ging hervor, dass die Beschäftigten sich von ihren Vorgesetzten in schwierigen Zeiten sich unzureichend unterstützt fühlen, aus diesem Grund werden alle Führungskräfte bei dem Workshop mit einbezogen. Das Führungsverhalten soll verbessert werden, in dem gesundheitsförderliche Verhaltensweisen gestärkt werden. Somit soll die Arbeitszufriedenheit und Motivation der Mitarbeiter gefördert und psychische sowie physische Belastungen reduziert werden. Darüber hinaus soll langfristig eine gesundheitsförderliche Unternehmenskultur geschaffen werden, die zu einem psychologischen Empowerment der Mitarbeiter führen soll um letztendlich eine Selbstorganisation zu erreichen. Psychologisches Empowerment setzt sich aus vier Wahrnehmungen zusammen, das Erleben von Bedeutsamkeit, Kompetenz, Selbstbestimmung und Einfluss im Beruf (Schermuly & Koch, 2019, S. 133). Schermuly und Koch (2019, S. 134) merken zudem an, dass Menschen die sich psychologisch empowert fühlen ihre Arbeit als sinnvoll erleben und sich ihre Arbeitsaufgaben zutrauen. Darüber hinaus nehmen sie Autonomie wahr und sind überzeugt, dass ihre Arbeit etwas bewirken kann. Eine unweigerliche Folge dieser subjektiven Interpretationen der Arbeitsrealität ist ein besonderes Gefühl der intrinsischen Motivation, was zu mehr Proaktivität und gleichzeitig zu einer geringer wahrgenommenen psychischen Belastungen führt (Schermuly & Koch, 2019, S. 133). Das langfristige Ziel Selbstorganisation ist gewählt, da nach Badura dies ein wesentlicher Erfolgsfaktor eines Unternehmens ist (persönl. Mitteilung, 27.08.2020). Da die Führungskräfte eine Vorbildfunktion haben, ist es von besonderer Bedeutung, dass diese eine ausgeprägte Gesundheitskompetenz aufweisen. Um langfristig einen gesunden Führungsstil in dem Unternehmen integrieren zu können, müssen die Bedingungen im Unternehmen angepasst werden und transparent für alle Führungskräfte und Mitarbeiter sein. Das Seminar findet an sechs Tagen außerhalb der regulären Arbeitszeiten an einem späten Samstagvormittag (zwischen 9 und 15 Uhr) statt und wird vergütet. Hintergrund ist derjenige, dass das Tagesgeschäft nicht zu sehr beeinträchtigt wird. Inhaltlich bezieht sich das Seminar auf die folgenden Themen:

- Informationen zum BGM
- Gesundheit als Wert – gesundheitsgerechte Mitarbeiterführung
- Pflichten für Führungskräfte im Gesundheitsmanagement
- Selbstorganisation
- Psychologisches Empowerment
- Einfluss von Führung auf die Gesundheit und das Gesundheitsverhalten von Mitarbeitern

- Sozialkompetenzen in der Führungsebene im Bezug auf Kommunikation gegenüber Beschäftigten

Die Bestimmung der Erfolgskriterien erfolgt nach der Luxemburger Deklaration.

3.2 Projekt- und Ressourcenplanung

Die Projekt- und Ressourcenplanung ist Teil der Interventionsplanung, denn an jedes Projekt sind Kosten und Aufwendungen von Ressourcen (verschiedener Arten) gebunden. Zunächst muss eine genaue Planung des Projektes und seiner Aufgaben, der zuständigen Akteure, sowie der Kosten und Erträgen erstellt werden (Grit, 2011). Die im Anschluss dargestellte Abbildung behandelt die Projektplanung die für die Umsetzung der Maßnahmen notwendig ist.

AH 4 Teilaufgabe 3.2 – Projektplanung

Projektschritte/Aufgaben	Zuständigkeit / beauftragte Person	Kostenposition (intern/extern)	Jan	Feb	Mrz	Apr	Mai	Jun	Jul	Aug	Sep	Okt	Nov	Dez
Kennwerte HR und Sicherheit ermitteln	BGM Dienstleister	Externe Dienstleistung/Kosten, Raumkosten												
Durchführung Mitarbeiterbefragung	Gesundheitszirkel	Interne Personalkosten, Raumkosten, Bewirtungskosten und extern (Betriebsarzt)												
Ergänze Gefährdungsbeurteilung	Ausgewählte Führungskräfte/Mitarbeiter, Sicherheitsbeauftragter ggf. Betriebsarzt													
Durchführung der Analysen	Externe Dienstleistung	Extern beauftragter Coach, Raumkosten, Bewirtungskosten												
Vorlage der Analyseergebnisse und des sich daraus ergebenden Fazit	Führungsprogramm „gesunde Führung"													
Interventionsplanung	Gesundheit am Arbeitsplatz	Neugestaltung der Arbeitsplätze												
Interventionsdurchführung mit reglemäßiger Anpassung und überprüfung der Maßnahmen	Praxisworkshop „bewegungsförderliche Arbeitsumgebung"	externe Dienstleistung	Interne Gerätekosten und Hilfsmittellkosten											
Bewertung und Evaluation des Projektes		Externe Kosten												

BGM II - Methodenkompetenzen im BGM

Abb. 5: Projektplanung (DHfPG, 2020)

4 Diskussion und Probleme der Evaluation

Unter dem Begriff Evaluation (engl.: „value" = Wert, „to evaluate" = bewerten) ist eine systemische Untersuchung und Bewertung von Projekten, Prozessen und Maßnahmen zu verstehen. Evaluationen tragen somit zu einer Verbesserung von Strukturen, Prozessen und Konzepten bei und benötigen vorab klar definierte Ziele und Kriterien. Mit Hilfe der Evaluation lassen sich Ausgangsbedingungen einer Maßnahme optimieren, die Qualität einer Maßnahme verbessern, Zielerreichungen und Wirkungen einer Maßnahme erfassen sowie benötigte Ressourcen legitimieren (Bundesministerium für Ernährung und Landwirtschaft [BMEL], 2017, S. 6-7). Im Rahmen eines BGM´s lassen sich drei Formen der Evaluation unterscheiden. Die zu Beginn eines Projekt anfallende Strukturevaluation, die zweite läuft begleitend eines Projektes oder findet im Übergang zu weiteren Maßnahmen statt und nennt sich Prozessevaluation. Am Ende eines Projektes oder Maßnahme findet dann abschließend die Ergebnisevaluation statt. Für die hier gewählten Interventionsmaßnahmen bieten sich die Strukturevaluation und Ergebnisevaluation an.

Die erste Interventionsmaßnahme kann mit Hilfe der Ergebnisevaluation bewertet werden. Ziel der Interventionsmaßnahme ist die Verbesserung der Arbeitsorganisation/-gestaltung, Reduzierung von häufigen Beschwerdebildern wie psychischen und physischen Belastungen, BEM-Fälle reduzieren und Mitarbeiterzufriedenheit durch Partizipation verbessern (vgl. Abb. 3, S. 7). Die Effektivität und Effizienz der Maßnahme kann mit dem Tool der Ergebnisevaluation dargestellt werden und wird anhand des Projektmanagers sowie BGM-Dienstleister eruiert.

Die zweite Interventionsmaßnahme ist die Strukturevaluation, da bei dieser Interventionsmaßnahme die Durchführung des BGMs gesichert werden soll. Der Fokus der Maßnahme liegt auf den persönlichen Ressourcen der Führungskräfte. Die Weiterbildung der Führungskräfte ist ein wichtiger Gegenstand der restlichen Interventionsmaßnahmen und sollte daher positiv verlaufen. Die Strukturevaluation überprüft die Umsetzbarkeit und Anforderungen von Prozessabläufen und gibt somit Feedback zu dem Interventionsstatus.

Die dritte Maßnahme, Bewertung sowie Einschätzung der Beschäftigten zur, Arbeitszufriedenheit und der Arbeitsfähigkeit in der Bewertung und Evaluationsphase des Projektes im Vergleich zu vor der Einführung des BGM´s, wird mittels einer Mitarbeiterbefragung evaluiert. Um die Hauptgütekriterien (Objektivität, Reliabilität und Validität) gewährleisten zu können, soll die zweite Messung die selben Rahmenbedingungen wie bei der ersten Befragung aufweisen.

Es ist noch zu erwähnen, dass die Frage nach der Effektivität (Wirkung der Zielerreichung), der Geeignetheit (Angemessenheit der Methoden), Akzeptanz (Akzeptanz der Zielgruppe) und der Effizienz (Kosten-Nutzen-Wirksamkeit) bei der Evaluation eine wichtige Informationsgrundlage ist (Naidoo & Wills, 2019, S. 366).

Die nun folgende Abbildung soll die eben genannten Punkte nochmal zusammenassend darstellen.

AH 5 Teilaufgabe 4 – Evaluation

Kurzinfo zur Evaluation:
- Unter dem Begriff Evaluation (engl.: „value" = Wert, „to evaluate" = bewerten) ist eine systemische Untersuchung und Bewertung von Projekten, Prozessen und Maßnahmen zu verstehen.
- Drei Evaluationsarten: 1. Strukturevaluation 2. Prozessevaluation 3. Ergebnisevaluation

Projektbezogene Möglichkeiten der Prozess-/Ergebnisevaluation

Ergebnisevaluation
- Ziel der Interventionsmaßnahme ist die Verbesserung der Arbeitsorganisation/-gestaltung. Reduzierung von häufigen Beschwerdebildern wie psychischen und physischen Belastungen; BEM-Fälle reduzieren und Mitarbeiterzufriedenheit durch Partizipation verbessern

Strukturevaluation
- Die zweite Interventionsmaßnahme ist die Strukturevaluation, da bei dieser Interventionsmaßnahme die Durchführung des BGMs gesichert werden soll.

Ergebnisevaluation
- Bewertung sowie Einschätzung der Beschäftigten zur Arbeitszufriedenheit, Arbeitsfähigkeit (WAI) in der Bewertung und Evaluationsphase des Projektes im Vergleich zuvor der Einführung des BGM

Probleme im Zusammenhang mit der Evaluation

(Problem 1)
- Die Durchführung einer Strukturanalyse erfordert eine genaue Projekt- und Ressourcenplanung. Sofern mögliche Störvariablen zuvor nicht einkalkuliert worden sind oder es während einer Maßnahmenausführung zu unvorhergesehenen Ereignissen wie höhere Gewalt, auf die der Mensch keinen Einfluss hat, kommt, können Probleme auftreten

Subjektiv unterschiedliche Belastungswahrnehmungen
- Eine Mitarbeiterbefragung ist subjektiv und kann individuell, bei gleichen Arbeitsbedingen, sehr unterschiedlich ausfallen. So sind mögliche Einflussvariablen, die auf das Ergebnis Auswirkungen haben beispielsweise private Störfaktoren die nicht im Zusammenhang mit den Arbeitsplatzbedingungen stehen

BGM II - Methodenkompetenzen im BGM

Abb. 6: Evaluation (DHfPG, 2020)

Probleme im Zusammenhang mit der Evaluation von Maßnahmen im BGM:

Bei der Evaluation von Maßnahmen im betrieblichen Gesundheitsmanagement können Störfaktoren bedingte Probleme auftreten.

Es lässt sich festhalten, dass Mitarbeiterbefragungen wertvolle Indizien auf Problembereiche liefern und zudem Zusammenhänge zwischen Gesundheit und Arbeit (Arbeitsplatz, Ressourcen Arbeitsbedingungen, Stressoren) darlegen können. Im Bereich Evaluation eignen sie sich zudem als Instrument zur Veränderungsmessung. Jedoch ist eine alleinige Mitarbeiterbefragung nicht ausreichend um spezifisch konkrete Erkenntnisse zu gewinnen, dass hiervon bereits Maßnahmen angesetzt werden können. So sind beispielsweise objektiv gleiche Arbeitsbedingungen analysiert worden, subjektiv jedoch werden die Belastungen seitens der Beschäftigten ganz unterschiedlich wahrgenommen und bewertet. Aus diesem Grund mus eine Befragung im Sinne der Bedarsermittlung für Interventionen immer mit weiteren Analyseinstrumenten verbindet werden. Zudem kann durch eine zu geringe Rücklaufquote einer Befragung die Repräsentativität der Befragung beeinträchtigt werden.

Darüber hinaus kann die abschließende Ergebnisdarstellung gegenüber den verantwortlichen Akteuren, also der Kernverwaltung, gegebenenfalls unzureichend zufrieden stellend sein. Die gesamte Projektplanung ist auf ein Jahr gesetzt, sofern nicht im Vorfeld genau besprochen wurde, wann die ersten Verbesserungen in den einzelnen Kennzahlen eintreffen können, öftmals länger als ein Jahr, kann dies zu Unmut führen. Außerdem wird der Krankenstand durch zahlreiche Faktoren beeinflusst, die in einem BGM nicht vollständig kontrolliert bzw. durch Maßnahmen zur Gesundheitsförderung umgestaltet werden können. Außerdem kann es bei der Betrachtung des Evaluationskriteriums Akzeptanz zu Problemen kommen, denn ein BGM Projekt kann nur dann erfolgreich in ein Unternehmen implementiert werden, wenn alle Mitarbeiter und Zugehörige des Unternehmens an dem Projekt beteiligt sind. Auch hier müssen die möglichen Gründe für eine Nichtakzeptanz der Maßnahme analysiert und bewertet werden.

5 Literaturverzeichnis

Bundesministerium für Ernährung und Landwirtschaft (BMEL) (2017). Leitfaden Evaluation. Letzter Zugriff am 13.03.2020 verfügbar unter https://www.inform.de/fileadmin/Dokumente/Materialien/IN_FORM_Leitfaden_Evaluation.pdf

Behr, M., Rixgens, P. & Badura, B. (2008). *Das Unternehmensmodell – Elemente und Zusammenhänge.* In B. Badura, W. Greiner, P. Rixgens, M. Ueberle & M. Behr (Hrsg.), Sozialkapital. *Grundlagen von Gesundheit und Unternehmenserfolg* (S. 31 – 41.) Berlin: Springer.

Destatis. (2017). *Öffentlicher Dienst: Beschäftigte im Durchschnitt 44,5 Jahre alt.* Zugriff am 25.08.2020 Verfügbar unter https://www.destatis.de/DE/Themen/Staat/Oeffentlicher-Dienst/im-fokus-beschaeftigte.thml

Gemeinsame Deutsche Arbeitsschutzstrategie Arbeitsprogramm Psyche. (o.J.). *Arbeit und Psyche von A-Z – Arbeitsumgebung.* Zugriff am 27.08.2020 Verfügbar unter https://www.gda-psyche.de/DE/Arbeit-und-Psyche-von-A-Z/Arbeitsumgebung/inhalt.html

Herlt, R. (2017). *Führung ist Beziehung: So optimieren sie die Zusammenarbeit.* Zugriff am 25.08.2020 Verfügbar unter https://coaches.xing.com/magazin/fuehrung-ist-beziehung-so-optimieren-sie-die-zusammenarbeit

Initiative neue Qualität der Arbeit. (o.J.). *Was ist der Work Ability Index (WAI).* Zugriff am 27.08.2020 Verfügbar unter https://www.wainetzwerk.de/de/der-work-ability-index-(wai)-690.html

Meyer, M. Maisuradze, M. & Schenkel, A. (2018). Krankheitsbedingte Fehlzeiten in der deutschen Wirtschaft im Jahr 2018 – Überblick. In B. Badura, A. Ducki, H. Schröder, J. Klose & M. Meyer (Hrsg.), *Fehlzeiten-Report 2019 Digitalisierung – gesundes Arbeiten ermöglichen* (S. 413-478). Berlin: Springer.

Naidoo, J. & Wills, J. (2019). *Lehrbuch der Gesundheitsförderung (3. Aufl.).* Köln: Bundeszentrale für gesundheitliche Aufklärung.

Nohl, J. & Thiemecke, H. (1988). *Systematik zur Durchführung von Gefährdungsanalysen. Teil 1: Theoretische Grundlagen* (Schriftenreihe der Bundesanstalt für Arbeitsschutz und Arbeitsmedizin). Bremerhaven: Wirtschaftsverlag NW.

Schermuly, CC. (2019). *New Work – Gute Arbeit gestalten Psychologisches Empowerment von Mitarbeitern* (2. Auflage). Freiburg: Haufe-Lexware.

Sockoll, I., Kramer, I. & Bödeker, W. (2008). iga-Report 13. *Wirksamkeit und Nutzen*

betrieblicher Gesundheitsförderung und Prävention. Zusammenstellung der wissen-
schaftlichen Evidenz 2000 bis 2006 (1. Aufl.) (BKK Bundesverband, BGAG, AOK
Bundesverband & AEV, Hrsg.). Essen.

6 Abbildungsverzeichnis